LE
SOCIALISME
C'EST LA BARBARIE.

EXAMEN DES QUESTIONS SOCIALES

QU'A SOULEVÉES LA RÉVOLUTION DU 24 FÉVRIER 1848;

Par A.-E. CHERBULIEZ,

Ancien professeur d'économie politique et de droit public.

PARIS

GUILLAUMIN, LIBRAIRE, 14, RUE DE RICHELIEU,

JOEL CHERBULIEZ, LIBRAIRE, PLACE DE L'ORATOIRE, 6

et chez tous les libraires.

1848

Paris. — Imprimerie d'A. René, rue de Seine, 32.

PRÉFACE.

Cet écrit n'est point un pamphlet politique. L'auteur, citoyen de la plus ancienne des républiques, n'avait pas à faire une profession de foi républicaine ; et il devait, comme étranger, s'interdire toute critique des actes du gouvernement sous la protection duquel il est appelé à vivre. Mais il a cru pouvoir exposer et motiver publiquement, avec une entière franchise, le jugement qu'il porte sur certaines idées dont l'influence désastreuse s'étend fort au delà des limites de la France, et dont l'application à ce pays soulève des questions d'un intérêt européen.

La révolution qui a renversé le trône de Juillet semble s'être accomplie trop facilement et avoir été trop tôt finie, trop tôt suivie du rétablissement de l'ordre, pour qu'on puisse lui attribuer cette crise financière qui est venue en compliquer le développement et dont le contre-coup se fait sentir d'un bout de l'Europe à l'autre. La cause principale, sinon unique, de ce fléau qui ébranle tant de fortunes et brise tant d'existences, doit donc être cherchée dans les déclarations de principes qui ont suivi de près la révolution du 24 février, et qui en constituent, sans contredit, l'acte le plus grave et le trait le plus caractéristique. Apprécier, sous le point de vue économique, les principes si hautement proclamés, tel est le but de cet écrit. L'intention qui l'a dicté ne saurait être suspecte. Les déclarations du gouvernement provisoire n'ayant été que l'écho d'une opinion qui préexistait et qui avait le pouvoir de s'imposer à lui, on peut fort bien attaquer cette opinion sans jeter aucun blâme sur des mesures qu'elle a irrésistiblement provoquées ; et quels motifs, autres qu'une conviction raisonnée et consciencieuse, pourrait-on avoir pour se mettre en lutte avec la grande voix populaire ?

LE SOCIALISME

C'EST LA BARBARIE.

I

La barbarie.

Tous les peuples, en progressant de l'état sauvage à l'état de civilisation, traversent un stage plus ou moins prolongé de *barbarie,* dont les caractères distinctifs sont en général ceux-ci :

1° La propriété est si imparfaitement garantie par les lois, que nul ne songe à s'enrichir par le travail, et que la circulation et la mise en valeur des capitaux productifs ne peuvent avoir lieu que d'une manière très-incomplète. — On travaille pour subsister. — On ne s'enrichit que par le pillage.

2ᵉ Le travail mécanique et les exercices qui développent les facultés physiques de l'homme sont estimés à l'égal, si ce n'est au-dessus du travail de l'intelligence. Les héros et les demi-dieux sont des soldats, des athlètes, des chasseurs ; les poëtes et les lettrés n'occupent qu'un rang secondaire ; ils sont les prolétaires de la babarie.

3° Le gouvernement, quelle qu'en soit la forme, est tellement faible, que les membres de la société éprouvent le besoin de s'associer entre eux pour la protection et la défense de leurs droits et de leurs intérêts individuels. Les Etats barbares sont, à vrai dire, des agrégations de sociétés particulières qui, si elles maintiennent le lien social et une espèce d'ordre, en dépit de l'insuffisance du gouvernement, contribuent en même temps à prolonger cette insuffisance et à la rendre in-incurable.

Ces trois caractères essentiels de la barbarie expliquent tous les autres. C'est parce que les sociétés barbares ne savent ni garantir la propriété, ni apprécier les œuvres de l'intelligence, ni organiser le pouvoir social, qu'elles sont à la fois pauvres et corrompues, ignorantes et infatuées d'elles-mêmes, despotiques et anarchiques.

S'il arrive qu'une société civilisée reçoive une impulsion rétrograde qui la fasse reculer vers le point d'où elle était partie, elle devra nécessairement passer par les différents stages qu'elle a parcourus en avançant et retomber tôt ou tard dans celui que je viens de caractériser. La barbarie du recul pourra, sans doute, se produire sous d'autres formes que celle du progrès, comme la décrépitude chez l'être humain assume d'autres formes que l'enfance ; mais les caractères essentiels seront les mêmes, et les effets ne pourront différer qu'extérieurement.

II

Le progrès.

Il y a dans l'homme deux mobiles qui sont inhérents à sa nature et qui, par cette raison, agissent constamment, chez tous les peuples et à tous les stages de la civilisation ; c'est le besoin de liberté et le besoin de s'élever dans l'opinion des autres et dans la sienne propre. Si ces deux mobiles ne suffisent pas pour expliquer toutes nos actions, ils sont, du moins, ceux qui en expliquent le plus grand nombre ; ils sont les plus forts, les seuls universels, les seuls sur lesquels on puisse avec certitude compter d'avance, les seuls capables de pousser une société entière dans la voie du progrès.

Quand ces besoins de l'âme humaine sont satisfaits, l'homme se livre à une existence passive ; rarement ses désirs l'emportent au delà de cette limite. C'est pourquoi il est si difficile d'introduire la civilisation chez les sauvages, de leur en donner le goût, de les y amener par la persuasion.

Jouissant de la plus grande liberté dont il ait l'idée, et ne connaissant ou n'appréciant aucune supériorité qui élève au-dessus de lui un ou plusieurs de ses semblables, le sauvage n'imagine point un état social qui réponde mieux à ses instincts naturels que celui dans lequel il végète ; il ne comprend aucun des avantages dont se vantent les hommes policés ; leur liberté ne lui fait point envie ; leur prétendue supériorité ne l'humilie point.

Jusqu'à ce que l'homme primitif ait fondé une propriété régulière, jusqu'à ce qu'il ait créé un peu de richesse, rien ne le sollicite à changer de situation.

C'est la richesse qui, en augmentant à l'infini les avantages de la liberté et en créant les inégalités sociales, développe nos mobiles instinctifs et leur donne l'essor. C'est la richesse qui enfante le travail et fait braver à l'homme policé plus de fatigues et de périls que le sauvage n'en affronte jamais.

Qu'est-ce, en effet, que la richesse pour celui qui la possède ? C'est d'abord la liberté, car c'est le pouvoir de faire ce qu'il veut et de se procurer le bien-être, les jouissances qu'il désire, sans rencontrer d'obstacles dans la volonté d'autrui ; c'est ensuite une supériorité patente sur ceux qui ne possédent pas autant que lui, supériorité moins contestable et moins contestée que toute autre, surtout dans le stage le plus avancé de la civilisation. Le besoin de liberté et d'égalité lutte par le travail et l'abstinence pour obtenir la fortune et l'élévation ; voilà toute l'histoire du progrès dans chaque société humaine. La civilisation ne détruit point les instincts, les mobiles naturels de l'homme ; au contraire, elle les rend mille fois plus actifs et plus énergiques ; mais elle les discipline, les assouplit, les soumet au joug de la loi, les oblige à se manifester par le travail productif et à converger ainsi vers le développement général de la société.

Toutefois, ceci n'a lieu qu'à une condition, c'est que la propriété sera efficacement et complétement garantie ; c'est, en d'autres termes, que les efforts du travailleur pourront être récompensés par une somme certaine et proportionnelle de liberté et d'élévation. Plus les avantages de la fortune seront réels, les inégalités sociales saillantes et les droits individuels strictement garantis, plus seront rapides et sensibles les progrès de la société. Une fois accompli ce premier pas, si difficile, qui doit tirer l'homme de la sauvagerie, tout le reste dépend de la constitution et de la garantie de la propriété, et le chemin que les divers peuples ont fait vers la civilisation se mesure exactement sur le degré de sécurité qu'ils ont garanti aux producteurs et aux possesseurs de la richesse sociale.

Si certaines nations sont demeurées barbares, si d'autres ne sont arrivées qu'à une civilisation incomplète, examinez leurs lois, étudiez le mécanisme de leurs institutions, et vous verrez bientôt que le travail productif, l'accumulation du capital, l'essor des facultés intellectuelles et morales y sont paralysés ou ralentis par le défaut de sécurité; en d'autres termes, que l'action régulière des mobiles naturels de l'activité humaine y est plus ou moins neutralisée par l'action irrégulière de quelques volonté puissante, qui dispose arbitrairement des produits du travail et de la condition, peut-être de la vie des producteurs.

III

La civilisation.

Quand le besoin de liberté et d'égalité se développe au milieu d'une société bien organisée, où la richesse brille aux yeux de tous les travailleurs comme le bien le plus désirable et le plus élevé auquel ils puissent atteindre, mais aussi comme un bien qu'on ne leur disputera pas et dont ils disposeront à leur gré, quand l'homme place ainsi le but de ses efforts dans l'ordre même de la société, quand il poursuit la satisfaction de ses tendances naturelles par des moyens conciliables avec la garantie la plus complète de la propriété, l'action puissante de ces mobiles indestructibles fait marcher l'humanité à grands pas dans la carrière de son perfectionnement.

Les agents de la production matérielle, stimulés par le besoin d'une liberté qu'ils ne peuvent trouver que dans la fortune, inventent et propagent mille moyens nouveaux d'embellir l'existence ; tandis que les producteurs intellectuels, excités surtout par le besoin de supériorité, se livrent à de nobles et difficiles travaux, dont l'humanité accueille avec gratitude les bienfaisants résultats.

Il y a plus. Le besoin de liberté devient la cause de ces efforts de pensée par lesquels l'homme, se repliant sur lui-même, étudie sa propre nature et parvient à la gouverner ; car il est libre aussi celui dont la volonté, éclairée par la raison, domine les instincts aveugles, celui qui se trace dans la vie une route écartée de celle que suit la foule, celui qui aspire à un bonheur sur lequel les choses extérieures n'auront aucune prise. Ce fut l'amour de la liberté qui inspira Zénon, Épictète et ce philosophe en haillons dont le conquérant de l'Inde a pu dire : « Si je n'étais Alexandre, je voudrais être Diogène. »

De même, le besoin d'égalité, placé en présence des inégalités de l'ordre social, a produit chez quelques esprits d'élite ce mépris philosophique des avantages extérieurs et matériels et cette haute appréciation de la grandeur morale de l'homme, qui ont fourni tant de belles pages à l'histoire de l'espèce humaine.

Les merveilles de l'industrie, les jouissances raffinées du luxe, les chefs-d'œuvre de l'art, les trésors de la science, les actes héroïques, les dévouements sublimes, tout ce que la vie sociale nous offre de grand et de beau est le produit de cette lutte des tendances instinctives de l'homme avec les obstacles que leur oppose l'ordre social ; tout cela s'explique par cette pression de l'intelligence et de l'âme humaine sous le joug conventionnel d'un organisme fondé sur la propriété. Les tendances naturelles, surexcitées par les difficultés même que l'homme social éprouve à les satisfaire, deviennent le moteur puissant par lequel s'accomplit le développement progressif des sociétés, la marche de la civilisation. Que ce moteur cesse d'agir et le mouvement s'arrêtera aussitôt. Supprimez l'inégalité des conditions, et la société, frappée d'une soudaine léthargie, consommera dans l'inaction les produits de son activité antérieure, et la civilisation, ce brillant résultat du travail humain combiné avec l'accumulation des richesses, ne tardera guère à disparaître, comme s'éteint une flamme autour de laquelle l'air ne se renouvelle pas.

IV

Le problème social.

Si le gouvernement déchu avait fait la moitié seulement de ce qu'il pouvait faire pour donner de nouveaux aliments aux forces productives de la France et pour ouvrir à l'esprit d'entreprise de vastes horizons, le problème social aurait bien été posé en théorie, mais il ne serait point devenu ce qu'il est aujourd'hui, une question gouvernementale et toute pratique.

Le mal qui fait surgir ce problème, c'est une surabondance de vie qui ne trouve pas à s'appliquer. Les facultés actives, surexcitées dans les grands foyers d'industrie par l'aspect même de la civilisation qui est leur ouvrage, se consument en vains efforts pour atteindre un but que leur déploiement exagéré et la concurrence acharnée qu'elles se font mutuellement tendent à leur rendre de plus en plus inaccessible. Quand, par l'effet de l'abaissement des salaires et de la concentration des capitaux, ces deux résultats corrélatifs et inévitables de la pléthore dont je parle, il devient évident que les dix-neuf vingtièmes des salariés n'arriveront jamais à l'indépendance et à la position sociale que procure l'exploitation d'un capital, les travailleurs perdent courage, s'irritent contre la société qui leur fait une position si désespérée, et se demandent si leur condition n'est pas le résultat de quelque vice d'organisation sociale, qu'une réforme législative ou une révolution pourrait corriger. Alors, le problème social se pose de lui-même, et il ne manque pas d'écrivains et d'orateurs pour formuler disertement et chaleureusement les griefs qu'articule encore vaguement la population souffrante.

Les sociétés antiques se tiraient d'embarras analogues par l'essaimage, en favorisant, comme les Grecs, ou en organisant elles-mêmes, comme les Romains, de nombreuses émigrations que la position géographique de ces États et beaucoup de circonstances propres à cette période reculée de l'histoire rendaient infiniment plus faciles qu'elles ne le seraient aujourd'hui.

Dans les temps modernes, le système colonial, quoique fondé sur de tout autres principes que celui des anciens, a servi au même usage, moins par l'émigration qu'il occasionnait, que par l'extension qu'il procurait au marché des produits nationaux et par les carrières qu'il ouvrait aux esprits les plus ardents et les plus actifs de la mère-patrie.

La situation géographique seule, iudépendamment de toutes possessions coloniales, assure, sous ce point de vue, à certains États, tels que l'Angleterre et les États-Unis, des avantages que rien ne saurait complètement remplacer là où ils n'existent pas.

Toutefois, il s'en faut bien que la France ait épuisé les ressources que lui offre son vaste et fertile territoire ; à peine les a-t-elle entamées.

A-t-on fait quelques tentatives pour diriger vers la culture, encore si incomplète, de ce territoire une partie des capitaux qui affluent et se font concurrence dans toutes les entreprises industrielles? A-t-on apporté la moindre modification essentielle au tarif des douanes, à cet absurde système de protection qui pèse comme un cauchemar sur le commerce et sur les industries vraiment nationales de la France? A-t-on pourvu le pays des voies de communication que les intérêts de son développement économique réclamaient impérieusement?

A-t-on supprimé tous les monopoles que ne justifie aucune raison d'État, aucun motif d'utilité publique?

Non, le problême social pouvait encore recevoir, en France, la seule solution pratique dont il soit susceptible, celle qui résulte d'une nouvelle expansion donnée aux forces productives, d'un horizon plus vaste ouvert à la poursuite des intérêts matériels, de nouvelles issues offertes à l'ambition légitime des travailleurs, de nouveaux dégorgeoirs, enfin, pratiqués dans le corps social pour le soulager de sa pléthore, en redonnant l'espace et le mouvement à toutes les facultés actives qu'il renferme dans son sein, et dont la concurrence intestine le consume plutôt qu'elle ne le fait vivre.

V

Le socialisme.

Tant que le problême social demeure une simple question de philanthropie et d'humanité, le danger n'est pas grand, à moins que la misère des travailleurs n'atteigne ces proportions gigantesques, dont l'Irlande fournit un exemple, et qui defient tous les efforts de la charité publique et particulière.

En France, la somme des souffrances produites par l'abaissement des salaires et par les chômages accidentels, même pendant les années de disette, n'excède jamais la somme des sacrifices auxquels la charité se porte volontairement, La charlté privée surtout est une vertu progressive, qui va s'éclairant et se développant chaque jour par l'expérience, et les travailleurs qui souffrent sans leur faute sont l'objet de toute sa sollicitude, car le christianisme lui avait appris à voir en eux des frères longtemps avant que le mot *fraternité* fût écrit dans aucune loi.

Mais le socialisme est survenu, faisant de la question d'humanité une question de justice et de droit naturel, que ni l'économie politique ni la charité ne sont plus aptes à résoudre. Si c'est une injustice, une violation du droit naturel, par conséquent une chose immorale, qu'une partie de ceux qui concourent par leur travail à la production de la richesse soient condamnés à certaines privations ou réduits même au strict nécessaire, il ne s'agit plus de les assister, ni de leur offrir la perspective prochaine d'une production plus active qui élevera le prix du travail. C'est à titre de restitution, immédiatement et sans aucun retard, qu'il faut livrer aux salariés la portion de richesse à laquelle ils ont droit.

Quelle sera cette portion? Ici, les socialistes ne sont pas d'accord entr'eux; les uns voulant une communauté complète qui ferait justice à la fois de toutes les inégalités sociales; les autres se bornant à faire intervenir la loi, plus ou moins directement, dans les rapports de l'ouvrier avec l'entrepreneur d'industrie auquel il vend son travail.

Cette différence est plus apparente que réelle, car, en poussant jusqu'à ses extrêmes conséquences le principe des derniers, on arriverait tôt ou tard à l'égalité absolue que proposent les premiers. Le langage que tiennent les uns et les autres à la classe ouvrière implique la possibilité d'une réforme sociale et revient à ceci :

« Vous espérez en vain améliorer votre condition par le travail. La constitution actuelle de la propriété vous condamne à subir la loi de ceux qui vous exploitent et à souffrir de leurs pertes sans partager leurs bénéfices; elle vous a exclus pour toujours de la jouissance des avantages sociaux que procure la possession d'un capital; vos labeurs et vos fatigues n'y feront rien; la sentence est irrévocable. Mais cette sentence est un crime de la société envers vous, une spoliation à laquelle vous ne devez plus vous soumettre. C'est votre condition elle-même qu'il faut changer, en vous rattachant au capital par le lien de l'association, et en pourvoyant à ce que vos salaires ne dépendent plus des chances variables de la demande et de l'offre du travail. Voilà ce que nous ferons pour vous, si vous nous aidez à organiser la société comme nous l'entendons. »

N'est-ce pas là ce que vous promettent, sous diverses formes, tous les socialistes? Eh bien, la destruction de la propriété, le nivellement absolu des conditions, en un mot, la barbarie est renfermée en germes dans ces promesses.

VI

Le droit au travail.

Il y a travail et travail. On peut détruire en travaillant aussi bien que produire. On peut travailler pour rien, ou pour un salaire plus ou moins élevé. Que faut-il donc entendre par le droit au travail ?

Comme il est évident que ceux qui ont demandé et ceux qui ont consacré un tel droit voulaient à la fois le bien de la classe ouvrière et celui de la société en général, on doit supposer que leur intention a été de fournir à tout ouvrier un travail qui lui assurât au moins l'existence et qui profitât en même temps à la société, c'est-à-dire un travail salarié et productif. Or, tout travail productif suppose un capital mis à la disposition du travailleur. Il faut à celui-ci le plus souvent des matières premières, dans tous les cas, certains instruments de travail ; et si le travail est salarié, il faut aussi que le salaire soit disponible d'avance.

La quantité de travail qui peut être accomplie dans une société à un moment quelconque dépend donc avant tout de la quantité de capital dont cette société dispose.

Cela étant, il me paraît impossible qu'on échappe à cette

alternative : ou la somme des capitaux disponibles de la société suffit pour fournir du travail à tous les ouvriers qui en demandent, ou elle n'y suffit pas. Dans le premier cas, l'intérêt de ceux qui disposent du capital étant de le faire valoir aussi productivement que possible, aucun ouvrier n'aura besoin de recourir à l'Etat pour obtenir du travail et un salaire. Dans le second cas, ni l'Etat, ni aucune puissance au monde ne saurait fournir du travail aux ouvriers qui en manquent, si ce n'est en l'ôtant à ceux qui en ont.

L'Etat ne crée pas des capitaux ; il ne peut que disposer de ceux qui existent déjà et qui forment le fonds productif de la société. Mais il ne saurait s'attribuer la disposition d'une partie quelconque de ce fonds productif sans l'ôter à quelqu'un, sans priver les contribuables d'une partie des moyens qu'ils avaient d'employer du travail et de le salarier.

Si donc l'Etat fournit du travail à des ouvriers que l'industrie, livrée à elle-même, n'aurait pas employés, ce ne pourra être qu'en prélevant sur le fonds social une certaine quantité de capital qui était mise en œuvre par d'autres ouvriers, et en privant par conséquent ceux-ci du travail qui les faisait vivre. Alors, ces derniers voudront obtenir à leur tour ce que la loi promet à tous, et l'Etat, obligé de souscrire à ces exigences croissantes, sera conduit successivement à s'attribuer la disposition de tous les capitaux disponibles de la société.

Ce résultat vous apparaît aujourd'hui comme une énormité impossible ; et cependant il découle fatalement de votre principe du droit au travail, parce que ce principe est lui-même la plus grande des énormités, parce qu'il est aussi impossible et aussi déraisonnable de garantir le droit au travail, qu'il le serait de promettre que les sources ne tariront jamais, ou que les récoltes de la terre seront toujours suffisantes.

VII

Première conséquence du droit au travail. — La propriété menacée.

Sous le régime du droit commun, la quantité et la rémunération du travail productif sont nécessairement déterminées par la quantité du capital disponible et par celle de la main-d'œuvre offerte. Lorsque le nombre des ouvriers s'accroît plus vite que le capital, en d'autres termes, lorsque l'offre de la main-d'œuvre suit une progression plus rapide que la demande, le prix de cette main-d'œuvre s'abaissant par la concurrence, les entrepreneurs d'industrie peuvent employer plus de travail, par conséquent produire davantage avec la même dépense de capital.

Leur profit se trouve donc par là augmenté.

Lorsque le capital s'accroît au contraire plus vite que la main-d'œuvre offerte, le prix du travail tend à s'élever ; mais les entrepreneurs d'industrie, stimulés par l'amour du gain, s'efforcent d'introduire dans les opérations productives des perfectionnements qui rendent inutile une partie de la main-d'œuvre employée ; ils convertissent une portion plus ou moins considérable de leurs capitaux en machines coûteuses, qui remplacent le travail d'un certain nombre d'ouvriers et laissent ceux-ci sans emploi.

Dans l'un et dans l'autre cas, les hommes qui disposaient du capital productif ont agi conformément à l'intérêt bien entendu de la société, car ils ont contribué, autant qu'il était en eux, à rendre la production plus abondante, c'est-à-dire à augmenter la masse des richesses sociales, au grand avantage de tout le monde et des ouvriers eux-mêmes.

Ces capitalistes ont écouté sans doute avant tout leur intérêt personnel, mais ils n'ont fait en cela qu'user de leur droit de propriété, comme en usent les marchands, les propriétaires fonciers, les artistes et les hommes de lettres, lorsqu'ils profitent de circonstances favorables au débit de leurs marchandises, de leurs denrées et de leurs œuvres.

La distribution du capital productif en matières premières, instruments de travail et salaires s'opère ainsi dans l'intérêt des capitalistes, parce que le capital leur appartient et qu'ils sont en mesure d'exercer un certain pouvoir sur cette distribution. Ordonner que cette distribution s'opère autrement, de manière, par exemple, que tous les travailleurs soient constamment employés et reçoivent un salaire suffisant, quel que soit leur nombre, c'est enlever aux capitalistes le droit de disposer de leurs capitaux en vue de leur intérêt, c'est donc statuer que ces capitaux ne leur appartiennent plus, c'est transmettre leurs droits à la masse des travailleurs salariés.

Le droit au travail, c'est le droit au capital; car travailler, c'est consommer productivement une certaine portion de capital. Quand l'Etat garantit à tous les ouvriers du travail et un salaire déterminé, il s'engage à distribuer le capital productif de la société de telle façon que la portion destinée aux salaires suffise dans le moment actuel pour rémunérer tous les travailleurs au taux actuel fixé, et s'accroisse dans l'avenir en proportion de leur nombre, quelque changement qu'il puisse survenir dans les procédés de l'industrie, dans la demande des produits et dans la proportion entre l'offre et la demande de main-d'œuvre.

L'Etat s'approprie ainsi les capitaux du pays, puisque s'arroger la libre disposition d'une chose c'est en devenir le maître ; mais il n'en dispose que pour le compte des ouvriers, dont il se fait en quelque sorte le mandataire et l'économe.

En présence de cette garantie du droit au travail, la garantie de la propriété est évidemment réduite à rien ; elle s'anéantit. Ces deux garanties sont incompatibles ; elles s'excluent l'une l'autre.

Le législateur ne peut pas dire à la fois,

Aux capitalites :

Votre capital vous appartient ; vous en disposerez comme vous le jugerez convenable ;

Et aux ouvriers :

Le capital vous sera distribué de manière qu'aucun de vous ne soit jamais privé ni de travail, ni du salaire suffisant pour l'entretenir largement lui et sa famille.

Il faut choisir entre ces deux promesses. Ou plutôt, pour un législateur instruit et consciencieux, le choix est forcé ; car il sait que, s'il garantit la propriété, il pourra tenir cette promesse, et qu'en la tenant il garantira de fait, autant que cela est humainement possible, l'existence des travailleurs salariés ; tandis que, s'il garantit le droit au travail, non-seulement il porte atteinte à la propriété et détruit toute sécurité pour les capitalistes, mais encore il fait aux ouvriers une promesse qu'il ne pourra jamais tenir, il s'engage envers eux à réaliser une chimère impossible.

VIII

Seconde conséquence du droit au travail. — La production diminuée.

Que les apôtres du socialisme nous expliquent, s'ils le peu-vent, comment il se fait que la proclamation du droit au tra-vail, qui devait dissiper les alarmes du public et ramener la confiance dans les esprits, en ôtant à la classe ouvrière tout sujet de mécontentement et tout prétexte d'agitation, ait pro-duit un effet diamétralement contraire et porté au crédit l'at-teinte la plus grave qu'il eût ressentie depuis un demi-siècle ! Ce fait ne prouve-t-il pas évidemment que la propriété s'est sentie menacée ?

Les capitalistes ont compris que, sous le régime du droit au travail, ils ne disposeraient plus librement de leurs capi-taux, et il n'en a pas fallu davantage pour tuer le crédit ; car le crédit, c'est la confiance dans la propriété, c'est la croyance que cette propriété sera garantie demain, après-demain et in—définiment, comme elle l'est aujourd'hui.

Or, c'est le crédit qui rend productifs la plus grande partie des capitaux ; c'est par le crédit que d'immenses travaux, en-trepris mais non achevés, qui ont absorbé plusieurs centaines de millions et qui ne produisent jusqu'à présent aucun revenu, conservent leur valeur et circulent de main en main ; c'est par le crédit que la plupart des producteurs et des négociants sont mis en état de recouvrer leurs capitaux circulants à mesure qu'ils les ont consommés, et de continuer sans interruption leur industrie ou leur commerce ; c'est par le crédit, enfin, que les capitaux deviennent une source de revenu pour tous ceux qui ne veulent ou ne peuvent pas les faire valoir eux-mêmes.

Pour bien faire comprendre les ravages causés par la cessation du crédit et comment ce fléau va étendant de proche en proche son influence désastreuse sur toutes les classes de la société, prenons un exemple :

Un chemin de fer, non terminé, a déjà coûté 100 millions. Tant que la compagnie qui s'en est chargée conserve son crédit, les travaux achevés, le parcours du chemin, le matériel acquis ne perdent rien de leur valeur, pourvu que l'entreprise ait été bien conçue et bien dirigée ; il arrive même le plus souvent que cette valeur s'accroît. Voilà donc 100 millions, au moins, qui, sous la forme de titres d'actions, circulent dans le pays et composent la fortune d'un certain nombre de particuliers.

Supposez que, par suite d'un événement imprévu, la confiance du public dans l'avenir de cette entreprise soit tout à coup détruite, et par conséquent le crédit de la compagnie anéanti : les détenteurs d'actions, perdant une partie de leur fortune, restreignent aussitôt leur dépense ; de là résulte une diminution dans la demande de certains produits. Mais cette demande vivifiait des capitaux qui étaient engagés dans l'industrie et dans le commerce et qui, devenant moins productifs, absorbent une moindre quantité de matières premières et donnent de moindres profits. Les possesseurs de ces capitaux réduisent donc aussi leur consommation, tant productive qu'improductive, de produits agricoles ou manufacturés, et, la demande de ces produits diminuant, les capitaux qu'elle mettait en valeur sont à leur tour frappés d'inertie.

On le voit, la série de ces contre-coups n'a pas de limite, et quand, au lieu d'être partiel, l'ébranlement du crédit atteint à la fois toutes les entreprises, quand la propriété se voit frappée dans la garantie même qui lui sert de base, il n'est aucun genre de désastre, aucun naufrage public ou particulier auquel on ne doive s'attendre. La destruction du crédit n'entraîne pas la destruction immédiate d'une seule parcelle du capital productif, et cependant la société se trouve subitement appauvrie, parce que les capitaux sont rendus inertes, parce que la source de tous les revenus est tarie ou menace de tarir.

Alors la production va décroissant de jour en jour et les capitaux se perdent ou sont consommés improductivement, nul ne songeant plus à s'enrichir ni à faire des épargnes pour une reproduction dont les résultats sont précaires et incertains.

Alors aussi la réalisation du droit au travail devient de plus en plus impossible, car, tandis que la garantie fallacieuse donnée aux ouvriers favorise l'accroissement de leur nombre, l'atteinte portée par cette même garantie à la sécurité des capitalistes et des propriétaires amène une réduction progressive de la masse des capitaux disponibles; de sorte que les moyens de réaliser la garantie diminuent pendant que les besoins qu'elle doit satisfaire augmentent.

Où arriverait-on en suivant cette voie? Où, si ce n'est à la barbarie?

IX

L'organisation du travail.

Ce que vous supposez impossible, me dira-t-on, ce qui le serait peut-être dans l'état actuel des relations sociales, deviendra possible au moyen de l'organisation du travail.

Il doit y avoir dans ces deux mots quelque charme surnaturel, à en juger par le nombre étonnant d'hommes éclairés qui les répètent avec confiance; et pourtant ce ne sont que des mots. Où est la chose qu'ils expriment? l'a-t-on jamais réalisée? l'a-t-on seulement définie? Nulle part, que je sache.

Les principes qui régissent actuellement le travail et qui déterminent la condition de l'ouvrier sont ceux-ci :

1° Tout travailleur est libre d'appliquer ses facultés au genre d'industrie qu'il préfère et de vendre son travail à qui lui en donne le meilleur prix.

2° Tout capitaliste est libre aussi de disposer de son capital comme bon lui semble et d'employer les travailleurs qui lui font les meilleures conditions.

3° Tout homme, qu'il soit ouvrier ou maître, supporte la responsabilité de sa propre conduite et n'en doit compte qu'à lui-même et à Dieu, tant qu'il respecte la loi écrite. Ainsi, le paresseux subit les conséquences de sa paresse ; le vicieux, de ses vices; l'incapable, de son incapacité ; le fou, de sa folie.

Les merveilleux progrès qu'a faits la civilisation depuis un demi-siècle sont dus à l'application de ce régime de liberté. Auquel des principes dont il se compose veut-on mettre [des restrictions ?

Si on laisse intacts les deux premiers, l'isolement des ouvriers subsistera et le troisième principe sera forcément maintenu, car on ne saurait concilier l'isolement avec l'association, l'isolement pour le choix de la profession et du maître, avec l'association pour les gains et les pertes des travailleurs.

Modifiera-t-on le premier principe et le troisième sans toucher au second? Ce serait imposer aux travailleurs le sacrifice de leur liberté sans leur offrir en échange aucun avantage certain, puisque l'isolement et l'indépendance des ouvriers leur permettent seuls de profiter des chances favorables que leur offre la concurrence entre les maîtres.

Supposez les ouvriers de chaque industrie associés, embrigadés, traitant collectivement et sous des conditions uniformes avec les capitalistes demeurés parfaitement maîtres de leurs capitaux. Ce sera comme une grève permanente et générale, à laquelle ceux-ci opposeront une coalition non moins permanente et générale.

Et les capitalistes, remarquez-le bien, n'auront pas même besoin de s'entendre pour agir d'un commun accord. Si une partie d'entre eux se décidaient à subir les conditions imposées, ils ne pourraient fournir du travail qu'à un certain nombre d'ouvriers, dont le salaire devrait alors entretenir l'association tout entière ; ce qui est inadmissible.

Mais supposons que les choses ne se passent point ainsi et que les travailleurs associés parviennent réellement à faire la loi aux capitalistes. Qu'en résultera-t-il? C'est ce que je vais dire.

X

L'organisation du travail appauvrit la société.

Pourquoi le travail des esclaves et des serfs est-il moins productif que celui des hommes libres? Pourquoi un ouvrier à la tâche fait-il en général plus de besogne et de meilleure besogne que l'ouvrier à la journée? Pourquoi la liberté d'industrie a-t-elle imprimé à toutes les branches de la production un essor qui leur a fait faire plus de chemin pendant un demi-siècle qu'elles n'en avaient fait pendant deux siècles sous un autre régime ?

Parce que le régime de la liberté est le seul qui permette aux mobiles de l'activité humaine d'acquérir toute leur force, le seul qui rende le travailleur entièrement responsable de ce qu'il fait ou de ce qu'il néglige de faire, le seul qui promette à l'ouvrier une rémunération strictement proportionnée au degré d'intelligence et d'activité qu'il déploie.

Associer les travailleurs de chaque industrie, ce sera substituer à leurs volontés individuelles une volonté collective et à la responsabilité personnelle qui pèse sur chacun d'eux une solidarité qui les atteindra tous uniformément. Ainsi, l'ouvrier vicieux ou borné ne supportera plus seul les suites inévitables de ses vices ou de son défaut d'intelligence, et l'ouvrier actif, rangé, intelligent, ne récoltera plus seul les fruits de sa bonne conduite et de sa capacité. Comment, sous un tel régime, la moyenne de l'intelligence et de l'activité déployées dans le travail ne baisserait-elle pas? Comment les mobiles qui portent l'homme à la plupart des travaux industriels pourraient-ils, à la fois, être neutralisés en partie et conserver toute leur force? N'y a-t-il pas là contradiction manifeste?

Et ce n'est pas tout. Tandis que, d'un côté, le travail deviendra moins productif, on en diminuera la durée par des lois et des règlements que l'association puissante des ouvriers obtiendra sans beaucoup de peine d'une législature élue par le suffrage universel, On réduira la journée de travail à dix heures, peut-être à moins, tout en maintenant les salaires à un taux suffisant pour assurer l'existence des travaileurs.

Que deviendra cependant le profit des capitalistes et des entrepreneurs d'industrie? Ceux-ci voudront-ils et pourront-ils, avec de telles conditions, demeurer chargés de tous les risques de chaque entreprise, consacrer leurs épargnes à des machines coûteuses, s'occuper du perfectionnement de leurs procédés? Quand ils se retireront l'un après l'autre de la scène, ruinés par cette lutte inégale et consommant pour vivre les débris de leurs capitaux, seront-ils remplacés par d'autres capitalistes prêts à faire de nouvelles avances? Quel ouvrier serait assez déraisonnable pour aspirer à une telle position? Quel père de famille s'imposerait des privations pour laisser à ses enfants une fortune aussi précaire ?

Dans cet ordre de choses, les capitalistes seraient des parias, le corps des ouvriers des brahmines.

Cette phase de l'organisation du travail serait courte, il est vrai, car elle ne durerait que jusqu'au moment où la société se trouverait trop appauvrie pour continuer de fournir du travail et un salaire à tous les ouvriers ; moment, hélas ! qui ne se ferait guère attendre.

La société chercherait bien encore à se faire illusion sur son impuissance ; elle se débattrait dans le cercle vicieux où son imprévoyance l'aurait fait entrer ; elle s'acharnerait à résoudre un problème insoluble.

Une de ses premières mesures serait de préserver l'industrie nationale de toute concurrence extérieure, au moyen de prohibitions absolues, ou de droits d'entrée équivalant à des prohibitions. Puis, cette mesure ne faisant qu'accroître le mal, on essaierait de constituer en monopoles les différentes industries du pays ; puis, le consommateur national restreignant sa consommation à mesure que les produits deviendraient plus chers, on en favoriserait l'exportation par des primes considérables ; puis, la société s'appauvrissant de plus en plus, grâce à toutes ces mesures désastreuses, on créerait un papier monnaie, pour remplacer par une richesse fictive les capitaux exportés ou détruits.

Mais il arriverait enfin un jour où le passif, représenté par l'offre du travail, dépasserait tellement l'actif, représenté par les capitaux disponibles, qu'il faudrait de toute nécessité, pour rétablir l'équilibre, avoir recours à des réformes sociales d'une bien autre portée que la simple organisation du travail.

XI

L'organisation du travail menace la propriété.

J'ai supposé jusqu'à présent que l'organisation du travail ne toucherait pas au second des principes qui caractérisent le regime de la liberté d'industrie, à celui en vertu duquel le capitaliste dispose librement de son capital, comme d'une chose dont la propriété lui est garantie. Mais cet accouplement anormal de la liberté et de l'individualisme chez les uns, avec l'association et la solidarité chez les autres, soulèverait bientôt de telles difficultés et amenerait de tels conflits, qu'il serait abandonné, selon toute apparence, longtemps avant d'avoir produit les conséquences que j'ai signalées tout-à-l'heure. Il le serait, sans aucun doute, après l'entier développement de ces conséquences. On peut donc affirmer que l'organisation du travail modifiera tôt ou tard les trois principes dans lesquels se résume le système de la liberté.

En fait, ceux qui attachent une idée quelconque à ces mots : *organisation du travail,* ceux pour lesquels ils ne sont pas une vaine formule ou un pur symbole, entendent tous par là une association du travail avec le capital.

Ils l'ont écrit et proclamé. Plus de misère ! Plus de prolétariat! Plus de travailleurs déshérités de l'indépendance et du loisir que procure la richesse! Plus de classes distinctes, séparées d'intérêt comme de position et se faisant une guerre cruelle, où les uns ne peuvent s'enrichir sans que les autres s'appauvrissent! Il ne s'agit plus de soulager la misère, mais d'en supprimer la cause ; plus d'améliorer la condition du prolétaire, mais de la transformer en faisant de lui un capitaliste!

Et franchement, ceux qui tiennent ce langage veulent au moins quelque chose de logique et de complet.

Qu'est-ce qui rend la condition de l'ouvrier souvent si dure, quelquefois si misérable? C'est que, n'ayant aucune part au capital, il est réduit à vendre son travail pour vivre, et à le vendre au rabais si l'offre dépasse la demande. Donnons à l'ouvrier une part dans le capital, ou, ce qui est la même chose, dans les bénéfices du capitaliste, afin que sa rémunération ne dépende plus des fluctuations de l'offre et de la demande ; et nous aurons corrigé radicalement le vice de sa condition.

Les travailleurs salariés aspirent et ont droit de prétendre, comme tout le monde, à la liberté, à l'égalité ; or, leur travail exclut toute liberté et c'est faute d'avoir part au capital qu'ils ne peuvent s'élever au niveau des capitalistes. Le remède est simple. Modifions le travail de manière à le rendre compatible avec un degré suffisant de liberté, et distribuons le capital de manière que chacun y participe. Alors, ces biens, que l'ouvrier le plus habile n'obtient pas toujours après une vie entière de privations et de labeurs, seront assurés à chaque travailleur en échange d'un travail modéré, et tout le monde sera content.

Dans un pays où il n'y a pas vingt personnes qui sachent l'économie politique, de telles erreurs peuvent être soutenues de très bonne foi et faire beaucoup de chemin, grâce au vernis de philanthropie et d'équité qui les recouvre.

Mais comment réalisera-t-on ces idées séduisantes?

Le plus facilement du monde.

D'abord, on créera des ateliers publics ou nationaux que l'on fera marcher à l'aide de capitaux fournis par l'État ; et ces capitaux, l'État les demandera aux contribuables, sous la forme d'impôt progressif sur les revenus, ou de droit de succession, ou d'emprunts forcés. Il va sans dire que, dans ces ateliers, le profit sera confondu avec le salaire et appartiendra aux ouvriers.

Ce premier pas étant fait, il existera dans le pays des ateliers publics et des ateliers privés. Or comme, dans l'hypothèse, les ateliers publics assureront à l'ouvrier ces trois avantages :

Salaire toujours suffisant,

Journée de travail réduite à dix heures et peut-être à moins,

Participation aux bénéfices de l'entreprise,

Il ne restera aux propriétaires ou entrepreneurs des ateliers privés que cette alternative :

Ou d'accorder à leurs ouvriers les mêmes avantages que ceux-ci trouveraient dans les ateliers publics,

Ou de se voir abandonnés de tous les travailleurs, et obligés, pour que leurs capitaux rapportent un revenu quelconque, de les céder à l'Etat, qui leur en payera l'intérêt s'il le peut.

Dans l'un comme dans l'autre cas, les capitalistes cesseront de disposer librement de leurs capitaux et seront forcément associés avec les ouvriers, soit directement, soit par l'intermédiaire de l'Etat.

Emprunt forcé, association forcée, qu'importe la forme, quand le fond est une spoliation, une atteinte manifeste à des propriétés garanties ?

Qu'importe, disent à leur tour les socialistes, une spoliation temporaire, qui n'est après tout qu'une restitution, si la distribution plus égale des richesses assure dans l'avenir, à chaque membre de la société, une somme suffisante de bien-être ?

Malheureusement l'homme est ainsi fait, que, pour jouir des avantages inhérents à l'état de société, il doit remplir certaines conditions sans lesquelles ces avantages se réduisent à rien. Point de richesses, ni de civilisation, sans les stimulants du besoin et de l'inégalité ; voilà une loi aussi certaine et aussi invariable que celle qui règle les mouvements des corps célestes. Lors donc que vous mettez la condition de l'ouvrier à l'abri du besoin, et que, d'autre part, vous enlevez au capitaliste la garantie qui fait tout l'avantage de sa position, vous portez un coup mortel à la richesse et à la civilisation du pays, car vous affaiblissez les deux stimulants par l'action desquels cette richesse et cette civilisation se sont formées et développées.

Ainsi la prétendue spoliation des ouvriers profite à tout le monde, même aux spoliés, tandis que la spoliation des capitalistes ne profiterait à personne, pas même aux spoliateurs, et n'aurait pour résultat que l'appauvrissement général et la décadence de la société.

XII

L'organisation du travail mène à la communauté des biens.

Il y a des socialistes plus logiques encore et plus conséquents à leurs principes que ceux dont je viens d'examiner les idées ; ce sont les communistes. Ceux-ci, au lieu de se contenter d'une association entre le capital et le travail, suppriment d'emblée toute propriété individuelle et par conséquent toute inégalité sociale, franchissant ainsi d'un seul bond l'espace qui sépare la civilisation de la barbarie, que dis-je, de l'état de nature, de la sauvagerie.

Ce serait faire injure au bon sens public que de réfuter sérieusement les idées qui servent de base à de si étranges utopies. Elles ont, jusqu'à présent, obtenu peu de faveur auprès de cette partie même de la population qui jouit le moins des avantages de la propriété. Mais ceux qui repoussent avec le plus de chaleur et de sincérité les utopies du communisme ne paraissent pas se douter que d'autres idées, en apparence beaucoup plus rationnelles, et dont ils poursuivent l'application avec non moins de sincérité et de chaleur, puissent abouttir pratiquement au même résultat que celles des communistes. Cependant rien n'est plus vrai. Si vous poussez jusqu'à ses conséquences extrêmes l'organisation du travail, si vous ne revenez pas, en temps opportun, des erreurs qui vous ont engagés dans cette voie, l'avenir, je vous le dis avec une intime conviction, l'avenir appartient aux communistes, et c'est parce qu'ils en ont le sentiment qu'ils s'empressent d'applaudir à vos réformes, tout incomplètes qu'elles leur paraissent, sachant bien que ces réformes, une fois réalisées, vous conduiront forcément là où ils prétendent vous amener, c'est-à-dire à la communauté des biens.

Rappelons-nous, en effet, que l'organisation du travail aurait pour inévitable et premier résultat l'appauvrissement général de la société, parce que la propriété, n'étant plus strictement garantie, ne stimulerait plus à l'épargne et au travail ceux qui possèdent un capital et ceux qui n'en possèdent point encore ; parce que, la condition des ouvriers n'étant plus strictement dépendante de leur activité, de leur prévoyance et de leur aptitude, le stimulant du besoin se trouverait affaibli comme celui de la propriété, le mobile de la crainte comme celui de l'espérance.

En même temps, le nombre des travailleurs industriels tendrait à s'augmenter de jour en jour,

Parce que beaucoup d'entrepreneurs d'industrie et de capitalistes, ne pouvant plus vivre des profits ou des intérêts de leur capital, et désirant jouir des avantages nouveaux attachés à la condition de l'ouvrier, renonceraient à leur position indépendante pour être agrégés à la grande corporation des travailleurs ;

Parce que les familles vouées aux travaux manuels ayant, de par la loi, leur existence garantie et une part aux bénéfices des capitalistes, seraient soustraites à l'action des causes, tant préventives que destructives, qui règlent et modèrent, sous le régime du droit commun, l'accroissement de la population.

Ainsi, d'un côté, diminution graduelle de la masse des richesses et par conséquent du capital productif, c'est-à-dire,

Des matières premières auxquelles le travail doit s'appliquer,

Des instruments au moyen desquels ces matières sont élaborées,

De l'approvisionnement nécessaire à la subsistance de ceux qui exécutent le travail.

D'un autre côté, augmentation graduelle du nombre des ouvriers, c'est-à-dire,

Du besoin de matières premières,

Du besoin d'instruments,

Du besoin d'approvisionnement.

A mesure donc que la capacité de produire diminuerait, la nécessité de produire augmenterait. A un accroissement continu des besoins, correspondrait un décroissement continu des moyens d'y pourvoir.

Mais il existe, dans toute société civilisée, une masse de richesses produites, qui ne font partie d'aucun capital productif, et qui ne répondent qu'aux besoins factices des hommes de loisir. Ces produits sont susceptibles tantôt d'une consommation rapide, comme les mets qui couvrent une table somptueuse, tantôt d'une consommation lente, comme les vêtements, les équipages, les meubles, les bijoux, les maisons, les collections d'objets d'art, etc.

Le capital qui servait à créer ces richesses peut, sans beaucoup de difficulté, être enlevé à cette destination et employé à se reproduire lui-même, ou servir de toute autre manière à augmenter la masse du capital productif disponible.

Les végétaux, les animaux, qui s'élaborent en mets raffinés dans la cuisine du riche, peuvent fournir à l'ouvrier une nourriture simple et substantielle.

Les industries qui fabriquent des vêtements et des meubles de luxe peuvent, sans changer de matières premières ni d'instruments, fabriquer les vêtements et les meubles du plus humble travailleur. Les bijoux, les métaux précieux peuvent s'exporter en échange de produits agricoles.

Les choses mêmes qui forment le superflu du riche sont susceptibles d'être immédiatement employées par les ouvriers, soit comme approvisionnement pour leurs besoins personnels, soit comme matières premières, ou comme instruments de travail.

Il y aurait donc, pour la société aux abois, un moyen de se

tirer de peine, au moins temporairement, ce serait de s'approprier cette portion de richesses qui forme le superflu des riches, et de lui faire subir la transformation médiate ou immédiate dont elle est susceptible.

La société reculera-t-elle devant cette dernière atteinte aux droits qu'elle avait garantis, lorsque le peuple des ouvriers, devenu puissant par son nombre et par son organisation, lui demandera, en se fondant sur une loi positive, l'exécution sincère et complète de ses téméraires promesses? Le pense qui voudra!

Pour ma part, je ne vois point ce que la société répondrait aux ouvriers qui viendraient lui dire :

« Vous alléguez en vain que le capital dont vous disposez ne suffit plus pour nous donner à tous du travail ; car, tandis que vous nous refusez le nécessaire, ne voyons-nous pas au milieu de nous des familles qui continuent à jouir du superflu, et dont les revenus, étant convertis en capital productif, nous procureraient le travail et le salaire que nous demandons? »

Il sera trop tard, alors, pour revenir sur les principes qu'on aura posés. Il faudra en subir les conséquences les plus extrêmes, attaquer la propriété dans ses derniers retranchements, faire justice des dernières inégalités sociales, réaliser, en un mot, le rêve des communistes, avec cette différence qu'au lieu d'une communauté de biens, on aura une communauté de misère, au lieu d'une société riche et civilisée, une société pauvre et barbare.

XIII

La fraternité.

Les lecteurs qui sont disposés à se payer de mots insisteront et diront :

« Vous oubliez la fraternité, dont le règne rendra désormais facile ce que l'égoïsme rendait impossible. La fraternité, c'est le complément nécessaire de la réforme sociale. »

« Ce n'est pas en vain que les trois mots : liberté, égalité, fraternité, ont été réunis dans une même formule ; le troisième renferme la solution du problème que posent les deux premiers. »

Voici bientôt deux mille ans que Jésus est venu enseigner aux hommes à s'envisager et à se traiter mutuellement comme des frères. Cette doctrine a-t-elle réussi, dans ce long espace de temps, à pénétrer les cœurs au point d'en bannir l'égoïsme ? L'intérêt personnel n'est-il pas, encore aujourd'hui, le mobile presque unique sur lequel sont fondées les lois et les institutions des peuples chrétiens ?

La question n'est pas de savoir si la fraternité applanirait, en effet, les obstacles qui s'opposent à ce que tous les hommes soient également libres et heureux. Qui pourrait en douter ?

Je vais plus loin, et je dis que la fraternité résoudrait le problème sous toutes les formes possibles de gouvernement et d'organisation sociale. Chez un peuple exclusivement composé de chrétiens parfaits, on ne verrait plus ni fraude, ni discorde, ni misère, ni oppression. L'égalité la plus entière s'établirait d'elle-même entre tous les individus, chacun se faisant un devoir de travailler pour les autres et de partager avec eux ses jouissances. La liberté serait pour tous aussi complète qu'elle puisse l'être, nul ne voulant user de la sienne au détriment de celle des autres.

Sous l'empire de tels sentiments, il importerait peu que les lois eussent garanti ou non la propriété, et qu'elles eussent confié le gouvernement à tous ou à quelques-uns ; car ces sentiments régleraient seuls les rapports sociaux ; ils seraient la véritable, la seule loi de cette société.

Mais la fraternité n'ayant jamais été entre les hommes qu'une rare exception, et ne paraissant pas à la veille d'obtenir un triomphe général et décisif sur l'égoïsme, ni sur les affections de famille ou de choix, la question est uniquement de savoir s'il ne serait pas absurde et dangereux de modifier les rapports sociaux en vue d'un sentiment qui n'existe point encore et dont rien ne nous autorise à espérer le prochain développement.

Que penseriez-vous d'un propriétaire qui démolirait sa maison afin d'en employer les matériaux à construire un vaste moulin, dans une vallée assez large et assez profonde pour contenir un grand fleuve, mais au fond de laquelle il ne coulerait et n'aurait jamais coulé qu'un chétif ruisseau ?

Commençons avant tout, s'il vous plaît, par nous assurer du fleuve !

Quant aux moyens de développer et d'entretenir la fraternité chez une nation, comme il s'agit d'un sentiment, c'est à l'être moral qu'il faudra les appliquer, c'est sur l'âme humaine qu'ils devront avoir de la prise. Vos inscriptions et vos décrets, où le mot de fraternité se trouve répété plusieurs millions de fois, pourront bien fatiguer les yeux et les oreilles, mais ils ne changeront pas les cœurs.

S'il suffisait de multiplier le mot pour avoir la chose, ne l'auriez-vous pas déjà?

Le Christianisme peut seul substituer la fraternité à l'égoïsme. Pour que les hommes s'aiment et se traitent mutuellement comme des frères, il faut les rendre parfaitement chrétiens ; rien de moins, rien de plus.

Et tout le problème est là ; car une fois ce résultat obtenu, la solution serait complète ; il ne resterait plus rien à démolir, plus rien à organiser, plus rien a décréter.

XIV

La glorification du travail manuel.

L'auteur de cet écrit n'aurait pas à remonter bien haut pour trouver dans sa famille des hommes qui maniaient le marteau et la lime : on ne peut donc lui supposer aucun dédain pour les travailleurs manuels. Mais les ouvriers dont il descend lui ont laissé comme tradition de famille un profond respect pour les travaux de l'intelligence, qui avaient fait la gloire et la prospérité de leur patrie, et qu'ils estimaient supérieurs aux autres en dignité et en utilité. Aussi n'est-ce pas sans un étonnement pénible qu'il a vu ici, depuis la révolution du 24 février, des écrivains de mérite exalter à l'envi le labeur manuel comme la source unique de toute richesse et de toute civilisation, et glorifier ceux qui s'y livrent comme les seuls travailleurs qui aient acquis des droits à la reconnaissance du pays.

L'ouvrier de Paris est sans contredit plus éclairé, plus intelligent, plus humain, plus accessible à des sentiments élevés qu'il ne l'était il y a cinquante ans; mais la société entière a progressé avec lui, et ce n'est pas seulement dans la capitale, c'est dans tous les départements de la France et dans la plupart des autres contrées de l'Europe, que la civilisation a fait depuis un demi-siècle des pas de géant.

Si le peuple de Paris l'emportait sur tous les autres, ce qui ne m'est pas du tout démontré, à quoi le devrait-il, sinon à ce milieu dans lequel il vit, au mouvement d'idées que tant de notabilités scientifiques et littéraires excitent et propagent autour d'elles, au rang élevé surtout que les œuvres de la pensée et les hommes du labeur intellectuel ont toujours obtenu dans l'estime du public éclairé de cette ville?

Pense-t-on que les ouvriers fassent plus d'efforts pour développer et cultiver leur intelligence, lorsque les travaux manuels seront devenus le meilleur titre à la considération publique et à la reconnaissance des citoyens, lorsqu'il suffira d'être artisan ou manœuvre pour mériter la louange, lorsque le développement des facultés et des organes physiques sera de nouveau exalté et chanté, comme il l'était dans les temps héroïques de l'antiquité et du moyen-âge?

Et que deviendront, dans un tel état de choses, les hommes d'intelligence et les hommes de loisir? Restera-t-il autre chose à faire, aux premiers, que de louer en prose et en vers les demi-dieux et les héros de l'industrie, aux seconds, que de développer leur adresse et leur force musculaire par des exercices corporels?

Les socialistes sont, sans doute, de très bonne foi dans leur fanatisme égalitaire, car ils n'ont pas attendu pour le manifester que le peuple des ouvriers fût devenu le plus fort. Ils comprendront aussi que cette dernière circonstance ne devait pas m'empêcher de manifester une opinion différente de la leur. L'époque où nous vivons est, ou devrait être pour tous une époque de raison et de justice. Les vieux préjugés s'en vont, n'en mettons pas d'autres à leur place.

L'opinion absurde qui attachait un caractère dégradant aux travaux manuels n'est plus à redouter, car elle appartenait à un ordre social dont il ne reste plus de vestiges. Gardons-nous de tomber dans un extrême opposé, qui ne répugnerait pas moins au bon sens. Restons dans le vrai; la civilisation tout entière y est intéressée.

Les travaux manuels et les travaux intellectuels sont parfaitement de niveau sous le point de vue moral. Ceux qui exercent les premiers n'ont ni plus ni moins de droits à notre estime que ceux qui exercent les derniers. Les uns et les autres s'honorent par le désintéressement et la loyauté, comme ils se déshonorent par les vices contraires.

Mais, sous le point de vue social, les travaux de la pensée sont supérieurs aux travaux manuels, comme l'esprit est supérieur à la matière, comme l'âme est supérieure aux organes qui lui servent d'instruments. L'ouvrier intellectuel applique des facultés plus puissantes que l'artisan ; son œuvre isolée a une utilité bien plus étendue ; il découvre, il proclame, il propage ce que l'autre ne fait le plus souvent qu'exécuter. L'un marche presque toujours, comme individualité distincte, vers un but qu'il s'est posé lui-même ; l'autre agit comme fraction d'un être collectif, dont le mouvement est subordonné à une direction extérieure.

Ne dites donc pas que les ouvriers de l'industrie sont les seuls travailleurs, les seuls auteurs de la richesse, les seuls promoteurs de la civilisation ; ne dites pas que leur travail a plus ou autant de valeur et d'utilité que celui de la pensée. Tenir un tel langage, c'est rétrograder non pas de cinquante ans, mais de dix siècles.

Quand un chef-d'œuvre, tel que les *Méditations poétiques* de M. de Lamartine est imprimé, des centaines de personnes y ont contribué par le travail de leurs mains, et des millions de lecteurs sont redevables à ce travail des jouissances que leur fait éprouver cette divine poésie. Pensez-vous que ce travail des fabricants de papier, des imprimeurs, des brocheurs, puisse être considéré comme égal en valeur et en utilité à celui du poëte, et que ces ouvriers aient acquis individuellement, ou même collectivement, autant de droits à la reconnaissance de la société que l'auteur du chef-d'œuvre ?

XV

L'économie politique.

Bien des gens diront, après avoir lu les pages qui précè-
dent : « C'est un économiste chagrin, qui exhale son dépit de
ce que la pratique ne s'accommode pas à ses théories, et qui
essaie de nous persuader que tout est perdu si les conseils de
sa vaine science ne sont pas écoutés. »

Les économistes chagrins ! et de quoi, s'il vous plaît? Se-
rait-ce de ce que vous leur préparez la fête la plus magnifique,
le triomphe le plus éclatant qu'ils aient jamais pu espérer? Sa-
chez donc que les économistes, s'ils ne consultaient que les
intérêts de leur science, devraient se réjouir plus que personue
de tout ce qui se passe aujourd'hui, et que leur rôle serait de
garder le silence et de laisser s'accomplir jusqu'au bout la désastreuse expérience que vous allez faire devant eux.

Jamais, en effet, depuis que l'économie politique existe, une
aussi belle occasion ne s'était présentée pour elle d'obtenir justice de ses détracteurs, et de constater aux yeux du monde
entier la vérité de ses théories. Quel plus grand théâtre et quel
plus habile expérimentateur aurait-elle pu désirer, que la
France et le peuple français?

Mais les économistes sont aussi des hommes de cœur, et

c'est pour eux un mélancolique spectacle de voir tant d'intelligence, d'esprit et de talent dépensés, dans quel but? Pour développer les germes de grandeur et de prospérité que le pays renferme dans son sein? Non ; pour en arrêter le développement, pour les étouffer, pour les détruire !

En présence d'erreurs qui peuvent devenir si fatales, les économistes ont compris que l'intérêt de l'humanité devait passer avant celui de la science, et qu'il ne leur était pas permis de cacher la lumière sous le boisseau. Quelques-uns d'entre eux se sont déjà fait entendre ; d'autres se préparent sans doute à entrer en lice. Peut-être leur voix ne sera-t-elle point écoutée, car ils sont peu nombreux, leur science n'est pas en faveur, et leurs discours n'ont rien de séduisant. N'importe ! Ils continueront de faire leur devoir, proclamant et démontrant de leur mieux, sans crainte comme sans haine, ce qu'ils savent être vrai, et laissant à d'autres les honneurs et les projets d'une popularité que, pour leur part, ils ne chercheront jamais aux dépens de leurs convictions.

Au reste, si le langage des économistes est rude, si leurs conseils sont déplaisants, c'est bien à tort qu'on les accuse d'être insensibles aux maux produits par l'organisation actuelle de l'industrie et de n'y vouloir apporter aucun remède.

Ces maux, ils les ont à diverses reprises étudiés, décrits, signalés à l'attention du public. Seulement, ils ne pensent pas qu'on gagne rien à s'en exagérer la gravité ou l'étendue.

Il est constaté que, dans tous les pays où l'industrie manufacturière avait acquis un certain développement, une portion de la classe ouvrière s'est vue réduite à un degré excessif de misère physique et morale. Cette misère est proportionnellement beaucoup moins excessive et moins étendue en France qu'elle ne l'est dans d'autres pays, par exemple en Angleterre. Cependant, il ne serait pas plus sage de nier le mal que de l'exagérer, et il faut reconnaître que les circonstances qui tendent à l'aggraver, comme celles qui pourraient l'atténuer, ne dépendent point toutes de la volonté ou de la conduite de ceux qui en souffrent.

Les causes les plus immédiates de ce mal sont, d'un côté,

l'état moral et intellectuel où se trouve encore une grande partie de la classe ouvrière; d'un autre côté, l'incertitude, l'irrégularité, les variations fréquentes de la demande du travail.

Les causes médiates ou premières se trouvent dans la constitution de la propriété, et dans ce développement économique en vertu duquel le travail se divise, les machines remplacent la main-d'œuvre, et la production se concentre dans les grands ateliers.

Ces causes premières étant aussi les moteurs de tout progrès, ou plutôt étant le progrès lui-même et la source d'un accroissement continuel de bien-être, de puissance, de grandeur matérielle et intellectuelle pour la société, on ne saurait y toucher sans ralentir d'abord ce mouvement progressif, puis l'arrêter, puis le transformer en mouvement rétrograde.

Dans certaines choses, telles que la liberté d'industrie et la garantie de la propriété, il n'y a guère de milieu possible. Si le perfectionnement des machines et de la division du travail rencontre un seul obstacle que le capitaliste ne puisse pas lever, c'est comme s'il en rencontrait mille; si la propriété n'est pas strictement garantie, c'est à peu près comme si elle ne l'était pas du tout.

Il faut donc admettre ces moyens, si on veut la fin, et, le choix fait, s'y tenir. La civilisation est à ce prix.

Mais les causes secondes ou immédiates sont susceptibles d'être en grande partie supprimées ou neutralisées par divers moyens tels que :

Le développement intellectuel et moral de la population ouvrière ;

Un patronage actif et bienveillant exercé par les propriétaires et par les entrepreneurs d'industrie sur les travailleurs qu'ils emploient ;

Des mesures prises pour favoriser la circulation des capitaux, pour en assurer l'emploi le plus avantageux, et pour étendre sans cesse le champ d'application ouvert aux forces productives de la société.

Le second de ces moyens ne peut se réaliser que par une action tout à fait spontanée de la part des hommes qui disposent du capital productif. Leur intérêt, la force de l'opinion, les y amèneront tôt ou tard, et l'expérience en a déjà été faite, en divers temps et en divers lieux, avec un tel succès, qu'on peut espérer d'une pratique générale de ce patronage les plus heureux résultats.

Les autres moyens appartiennent à la sphère d'activité du gouvernement, et quoique la théorie n'en soit certes pas nouvelle, il faut convenir que la pratique en a été jusqu'à présent trop négligée, surtout en France.

Donner aux enfants du peuple l'instruction primaire, c'est faire très-peu si cette instruction n'est pas éducative, si elle ne tend pas à développer à la fois l'esprit et le cœur, la raison et le sens moral.

Il y a là pour la société un intérêt immense ; car du jour où les ouvriers arriveraient tous, par l'éducation, à cette conception nette de leurs devoirs, à cette disposition de l'esprit et de l'âme, à cette prévoyance enfin, qui sont nécessaires pour régler l'accroissement de leur population sur la demande du travail, ils auraient acquis un pouvoir direct sur la fixation du salaire, et le problème de concilier un tel pouvoir avec la plus stricte garantie de la propriété serait à peu près résolu.

Je dis à peu près, parce qu'il faut faire la part de certaines interruptions imprévues qui peuvent survenir dans la demande du travail. Mais on obvierait à cette irrégularité exceptionnelle par l'emploi du troisième moyen que j'ai signalé.

L'État, quoiqu'il ne créée pas des capitaux, peut favoriser la circulation de ceux qui existent

Par de bonnes institutions de crédit,

Par des lois propres à mobiliser la richesse et à faciliter les transactions de toute espèce.

Il peut aussi leur assurer l'emploi le plus avantageux

En créant des voies de communication,

En supprimant les entraves que rencontre le libre échange des produits du pays entre eux, ou avec ceux de l'étranger.

En renonçant aux monopoles inutiles.

Il peut enfin ouvrir de nouvelles carrières à l'esprit d'entreprise des capitalistes et à l'activité des travailleurs par l'emploi judicieux des forces vives et des capitaux qu'une administration économique et prévoyante ne saurait manquer de mettre à sa disposition.

Toutes ces choses ne pouvant s'accomplir que successivement et par degrés, l'État aurait au-devant de lui, en suivant cette voie, une longue carrière de progrès, par conséquent de prospérité générale et de tranquillité intérieure.

On ne conçoit pas que le gouvernement d'un pays où il existe tant de ressources inexploitées, et où la population ne manque certes ni d'ardeur, ni d'intelligence, ni de courage, ait pu se faire de l'inaction un devoir et un système.

Cette erreur explique sa chute. L'inaction a produit la pléthore ; la pléthore a fait naître et grandir le problème social ; le gouvernement est tombé devant le problème social.

Maintenant l'erreur n'est plus permise et le péril est plus grand que jamais

Donnez, donnez de l'espace à ces forces productives dont l'encombrement et la lutte menacent d'étouffer la civilisation !

Quelles circonstancces extérieures plus propices pourriez-vous attendre? Quelle forme de gouvernement pourrait être plus favorable à l'accomplissement de votre tâche, que la forme républicaine? Voyez les Etats-Unis d'Amérique !

J'ai dit fort succinctement ce que l'économie politique substitue aux idées subversives et aux chimériques utopies du socialisme.

Hommes d'action, croyez-en les hommes de science, qui n'ont aucun intérêt à vous tromper et qui ont étudié toute leur vie les questions que vous êtes appelés à résoudre. Ils vous diront tous que la voie où vous vous êtes engagés est une voie de perdition, conduisant à des abîmes.

Ils vous démontreront tous cette proposition par laquelle je finis, et qui résume toutes les pages que vous venez de lire :

Avec l'économie politique, vous organisez le progrès, vous faites avancer la civilisation ; avec le socialisme, vous organisez la décadence, vous reculez vers la barbarie. Choisissez !

FIN.